상실로부터의 자유

상실로부터의 자유

초판 1쇄 발행 2025년 9월 22일

지은이 이미란
펴낸이 장길수
펴낸곳 지식과감성#
출판등록 제2012-000081호

교정 정은솔
디자인 김희영
편집 김희영
검수 김지원, 정윤솔
마케팅 김윤길

주소 서울시 금천구 벚꽃로298 대륭포스트타워6차 1212호
전화 070-4651-3730~4
팩스 070-4325-7006
이메일 ksbookup@naver.com
홈페이지 www.knsbookup.com

ISBN 979-11-392-2807-6(03810)
값 16,800원

- 이 책의 판권은 지은이에게 있습니다.
- 이 책 내용의 전부 또는 일부를 재사용하려면 반드시 지은이의 서면 동의를 받아야 합니다.
- 잘못된 책은 구입하신 곳에서 바꾸어 드립니다.

지식과감성#
홈페이지 바로가기

상실로부터의 자유

이미란 지음

머리글

 장맛비가 후두둑 창문을 내리친다.
 항용 그래 왔듯이 이번 장맛비도 제법 상처를 낸다. 전국을 뒤덮은 큰 물난리를 한두 번 겪은 것이 아니지만 이번 장맛비의 위용은 200년 만에 처음이라 한다.
 그 위세에 기가 질려 전국을 할퀸 수마에 가슴까지 턱 막히고 만다.
 우리 어머니는 괜찮으실까? 혹시 봉분이 이 장맛비에 무너지진 않았을까? 괜한 걱정이 앞선다. 어머니께서 처음 가신 날도 이처럼 엄청난 비가 내렸다.
 우리 형제들이 새로 입힌 잔디와 봉분이 무너지지 않을까 전전긍긍하며 발을 동동 구르며 어머니의 무덤 곁을 지키던 기억이 생생해 더 이상 수마가 전국을 할퀴는 일은 없었으면 좋겠다고 생각할 즈음 하늘은 언제 그랬냐는 듯이 말갛게 햇살을 터뜨리며 눈부신 해를 내보인다. 금시에 수증기를 날려 버린 찜통더위에 자연의 그늘이란 이런 것이겠구나 하는 격렬한 안도감이 물밀듯이 밀려온다.
 푸르게 내걸린 햇살만큼 한껏 싱싱하고 말간 투명한 오후의 그늘 아래 배를 깔고 엎드려서 지나간 시절을 추억 삼아 하나하나 되짚어 보고, 기억을 더듬어 가면서 선풍기의 산들바람에 의지하여 기억의 되새김을 하는 지금 이 시간, 또 나는 이 여름에 산 자와 죽은 자를 생각하면서 살아 있는 시간에 대한 죽음의 의미를 더해 본다.

살아서 소통한다는 것과 죽음의 의미가 결국은 화해에 이르는 길에 의미 확장을 하면서 우리 어머니의 살아생전에 못다 한 죽음을 환생과 더불어 부활의 의미로 인식하면서 또한 영생과 삶의 영원성에 초점을 맞추고 어머니의 기일날, 연분홍 핑크색 예쁜 블라썸 케이크를 상에 올린다. 제발 올해는 더 이상 현실에서 먹먹하고 가슴 아픈 일들이 어머니의 기일과 함께 물러나길….

돌아와서 시조는 우리 마음의 가락이다. 정형성을 담보로 한 예술적 혁신과 확산을 추구하는 동시에 시대의 담론과 가치를 설정하고 공유하는 예술적 표현 행위이다.

따라서 시조는 현실이란 주제에 대해서 탐미적 실체에 구체성과 아름다움의 품격 아래 격조 있는 율격의 완성이 뒤따라야 할 것이다.

언뜻 이해하기 어려울지 몰라도 실제로 우리 창작 현실에서 이런 일련의 과정들이 많이 부족하고 창작의 완성도가 떨어지는 함량 미달의 시조가 범람하는 누구나 쉽게 그 의미의 함축과 표현의 결여가 가져오는 가벼움이 난무하고 있다.

이런 현실에서 가볍지 않으면서 또한 너무 무겁지 않은, 그러면서 의미심장한 시조의 창작이란 결코 녹록지 않다.

그렇지만 우리는 멈추지 않고 그 길을 가야 한다. 시대의 아픔과 현실을 따로 떼어 놓지 않고 지난한 발걸음을 이어 왔지만 때론 생기 있게 그 힘겨움과 고독한 현실을 난타하려고 애써 왔다.

간혹은 낯설게 느껴질 때도 있는 희망이란 정체에 대해서도 시조인으로서 고리타분과 옛것과의 교류와 전통의 맥락에서 이해되기를 바라는 현실적인 고뇌 또한 만만치 않다.

시조가 이렇듯 현대인의 정서 속에 녹아들어 우리 고유의 전통가락에 대한 재해석과 새로운 것에 대한 발견을 적당히 조화롭게 잘 용해하여, 마침내 우리 시대를 살아가는 현대인들에게 시조가 시조로서 살아갈 용기와 희망과 절제를 주는 위치를 공고히 하는 계기가 마련되었으면 하는 마음을 바라 본다.

우리 생활에서 시조가 제 역할을 다하고 시조가 시조로서 책임을 다하는 마중물이 될 수 있기를…….

이번 시조집에선 전통과 오늘날의 기류 속에 웅혼한 기상을 이어 가고 전통과 현대가 만나 자연스럽게 어우러지고 소통과 화해를 이루는 예술적 향기를 연결했다.

그래서 소제목을 따로 구분하였다. 어떻게 하면 좀 더 많은 이들과 소통하며 그들의 감성과 활력과 희망을 어루만질 수 있을까를 고민하며 시대적 우울과 별리 그들과의 동거 속에 마찰음 등을 다독여 보려 애썼다.

그래서 '1. 헤아려 볼수록 더 그립고 보고 싶은', '2. 그대 지금도 꿈꾸는가, 빛처럼 칼끝처럼', '3. 그대가 옆에 있어서, 저녁은 기울고, 술은 익고'로 구분하였다.

시조가 시조로서 제 역할을 다하지 못하고 다인승기류에 편승하여

시로 읽히는 우를 범하지 않았을까? 우려하는 마음으로 시와는 현격히 다른 정형의 시조로서 온전히 읽히는 염원을 담아 본다.

　네 번째 시조집이면서도 긴장과 떨림은 여전하고, 생경함과 경이로움이 첫 번째 작업과 다르지 않음을 이번작업을 통해서 또 한 번 뼈저리게 느낀다.

　"예술은 길고 인생은 짧다"라는 말이 당연한 말이듯이 내 현실과 맞닥뜨려서 인생의 처음과 끝이라는 그 출발과 종착지에서 마침내 빛나는 예술적 쾌거를 이루는 진일보한 계기가 되었기를 진심으로 바라면서 이 글을 읽는 독자들의 마음도 희망이란 정체에 안착할 수 있기를 기도한다.

　마지막으로 이번에는 책 몸살을 심하게 앓지 않고 무사히 넘어가 건강할 수 있어서 참 다행이고 무엇보다 함께 응원해 준 소중한 가족들과 가까운 지인들께 감사드린다.

　밖이 벌써 어둠을 상당 부분 밀어간다. 창밖으로 새어 드는 불빛 때문에 날파리들이 들끓으면서 얼굴을 때리고 이곳저곳 날아다니면서 불빛을 과하게 탐내는데 제 품에 너른 호박잎 줄기위로 그만 톡톡 터지는 별똥별이 떨어진다.

　푸르게 젖는 내 마음도 산화되어 공중으로 잔잔하게 흩어진다.

　푸른 별들은 그만 제 고향으로 갔을까?

2025년 7월 28일
이미란 지음

차례

머리글   4

1. 헤아려 볼수록 더 그립고 보고 싶은

태양의 흑점	14
소리의 이완	15
우리 같은 사람들에게	16
메뉴 보감	17
날아다니는 장화	18
다뉴브강	19
자갈치 아지매	20
하얀 눈의 진실	21
역선택	22
구체적인	23
생멸의 시간	24
노란색 리트머스	25
0의 우화	26
용설란	27
아포리즘	28
봄에 우는 난	29
움직임은 시의 언어	30
용화분	31
첫 설렘 그 열정으로	32
너와 나의 이를테면	33
설령	34
도둑처럼 찾아든 시의 감성	35

빈 울림으로 가득한 운동장에선	36
상실로부터의 자유	37
동생과 자전거	38
개나리 웃어 진달래 핀 4월	39
인간들의 광합성	40
때로는 강하게	41
이 시간 이후는 없다	42

2. 그대 지금 꿈꾸는가, 빛처럼 칼끝처럼

이 비 그치고 나면	44
한강 변의 거래	45
꽃 피는 봄날 너는 없다	46
상실로부터 오는 봄의 간극	47
고독으로부터의 초대	48
우주에서 온 편지	49
우주로 간 나	50
불현듯 생각나서	51
푸른빛의 혀	52
잿빛으로 물들다	53
멜론 이야기	54
치즈를 먹다	55
시를 먹다	56
판소리를 듣다	57
사각 도형 안의 투명창	58
대화에 닻을 내리다	59
황매화	60
사랑으로 흐를수록	61
연둣빛 사랑의 보고서	62
팔만대장경	63

삶의 막다른	64
한사코	65
오이를 깨물다	66
고독으로부터, 그립다	67
고요에서 한걸음 더	68
예측하고 싶은 날 불현듯	69
나이 다양성의 스펙트럼	70
다도와 다향의 맛과 멋에 대하여	71
밑줄을 긋다	72
낯설음과 침묵 사이에	73
땅의 두께 호흡	74
우리의 확장기	75

3. 그대가 옆에 있어서, 저녁은 기울고, 술은 익고

횡단보도 틈새 그 입술 사이로	78
우리 시대 시	79
K-시조	80
흰 꽃눈 옥잠화	81
낙엽의 서재	82
글의 채굴과 포획성	83
달빛 미소와 그 견적 사이에	84
설명에도 없는 나는	85
모나리자	86
벽난로 위의 금속 시간	87
별똥별 지는 저녁	88
어머니와 사과나무	89
등고선	90
전쟁 같은 시간 머리에서 뿔이 돋아난다	91

직지심경	92
그러면서 또다시	93
뇌쇄의 미학	94
오롯이	95
감성의 차 한 잔	96
성삼재에서	97
구월을 쓴다	98
시와 나와 예술	99
파괴와 허영	100
흰머리의 곡두 이야기	101
충돌의 스펙트럼	102
헤이즐넛 같은 오후에	103
긴 장대 위로 하현달 바삐 걸리고	104
별빛 부서지는 사슴 잠든 호수에는	105
우륵을 말하다	106
거문고를 읽다	107
때때로 늘	108
레몬 아이스크림	109
만두를 먹다	110
포용과 혁신	111
마요네즈를 먹다	112
다양성 형평성 포용성에 대하여	113
희망의 정체	114
해. 달. 별	115
망고를 먹으며	116
포기하지 마	117
마무리 글	118

①

헤아려 볼수록 더 그립고 보고 싶은

상 실 로 부 터 의 자 유

태양의 흑점

우리가 우리에게 더 친절할 시점에
푸른 점 하얀 질투 불멸 위에 내려앉아
지구 밖 첫 외출과 대화 어둠이 사라진다.

버터 향만 날리면서 다가오는 설렘은
더 붉은 혓바닥을 날름거려 장막 뒤로
아슴히 사라졌다는 긴 이별을 안고 있다.

붉은 촛농 떨어질 때 아침을 기다린다
깜깜하던 어둠 지나 파리한 입술 첫 떨림
간헐적 들리는 외마디 비명 갈라 불덩이야.

족쇄를 풀고 나서 새초롬히 빛나는
또 한 번의 뒤엉킴 강력한 소멸 앞에
지상의 융숭한 초대 대전환을 안기면서.

소리의 이완

쨍하고 햇볕 타는 금속성 소리 들리면
길고 짧은 외마디의 하루가 잠깁니다
절절한 절박한 심정의 고만고만한 생애들.

툭 하고 끊어지는 월세 밀린 고지서엔
빈방이 없어져요 온기가 사라져요
집주인 사금파리 음성 괴이하게 들렸어요.

하루를 더 살다가 끊어져 버린 멸종된
생명의 실언들을 수도 없이 방관했다
방기된 무표정 얼굴들 부표처럼 떠올랐다.

실오라기 하나 걸치지 않고 결핍은
밤이 이슥하게 날카롭게 날 서 있고
품 안에 무엇인지 모를 출처가 꿈틀거렸다.

우리 같은 사람들에게

몸에서 삐이 하는 부저음이 울리면
이상기류 감지하고 뿌리까지 침투한
근원의 한 자락씩인 원인들을 캐어묻다.

말린 장미 꽃으로 수척해진 몸으로
푸른 포푸린 맑은 향기 밤새도록 맡으며
요염한 두 눈동자 속에 무중력을 이고 간다.

손가락의 파먹은 희미한 반달에는
맹세가 무색하던 남발된 약속들이
목까지 차례로 들이차 생의 목에 차올랐다.

주방에 싱크대의 겉돌던 물의 흐름
가만히 물꼬를 터 세상 속에 흘러들어
스스로 어둠에 과속은 빛으로도 없으련만.

메뉴 보감

봄 여름 가을 겨울 사계절에 다 담겼다
하늘로 불쑥 솟아 봄 비늘을 들쳐 업고
시퍼런 정맥 같은 딸은 돌기들의 용솟음.

맵고 짠 도전들이 이 바닥 저 바닥에
턱을 괴고 앉아서 옛 임은 간곳없는
그날의 생채기 속에 부활토록 하였다.

시름을 밀도 있게 촘촘하게 떠밀면서
정밀한 시간들은 들쑥날쑥 박혔다
싸늘한 환락의 지폐는 천지간을 내리쓸고.

불현듯 달아나 버린 간악한 추위는요
밭고랑이 싸락싸락 잡히는 애동지
그믐밤 표표히 날리는 적설주의보 한 움큼.

발돋움 애써 하려 먼발치 돌아서 온
혀끝의 감촉들은 계절 끝을 맴돌고
지상의 포식자들은 각진 채 머무른다.

날아다니는 장화

사과꽃이 봉분을 이루던 날 울 엄마는
선천적인 햇볕의 짓무름이 올랐어요
팔 위의 선연한 흔적은 꾸불꾸불 문신 같죠.

검댕이 문고리 같은 몸빼바지 걸쳐 입고
보루에 홀로 앉아 산 비늘을 가르며
부단한 정석을 달래며 생각 속에 들어앉다.

초립동 식물 속에 속속들이 길을 낸다
부름켜 가는 마디 줄기찬 원성들이
반성문 사과밭 사이로 지글지글 해가 끓다.

수백 년을 단련하고 어지러운 마음속을
말 없음을 이고 서서 목적은 하나라고
분노의 잔가지들을 가만가만 쓰다듬다.

다뉴브강

써레질을 반듯하게 하고 나서 지나간 길
황금빛 레시피를 저녁놀에 앉혀 놓고
신음은 불쑥 솟아 굴러 끊임없이 오열한다.

물오른 가지 끝에 안착한 음역들은
저마다 찰랑찰랑 소리들을 삼키며
은회색 유속을 걸러 튜브 속에 투항한다.

소리 없는 강물은 용해되어 마음 품고
그을린 새벽 별자리 뉘엿뉘엿 기울면
하루를 낭독한 낱말은 밀크처럼 떨어진다.

물밀듯이 밀려오는 거대한 담론들을
무대 위의 배우처럼 혼신의 힘 다 쏟고는
운명의 소용돌이 속에 깊이 박힌 환승로다.

자갈치 아지매

검은 휘슬 삐익삑 울려 대는 통금 시간
별자리는 뉘엿뉘엿 설움으로 기울고
통통한 비릿한 바다 향 물집처럼 번져 온다.

기운 저녁 별자리 꼬막잠에 재우고
물 젖은 농주에선 달 구름 별 달려들어
공복에 여명으로만 눌러 담아 멍든 수레.

쌍끌이 끝이라고 한두 두릅 더 많이
꽃섬으로 오이소 혀 꼬부린 비음들
신랄히 쏘아 대는 외침 소원들로 날이 샌다.

하얀 눈의 진실

턱을 괴고 돌담들을 넋 놓고 바라본다
담쟁이가 안타깝게 매달리어 해풍 맞고
우주의 전리품들이 하나둘씩 해체된다.

무엇이 어떤 경로 홀로이 이탈되어
낯설고 먼 파괴된 도시 속을 거닌다
은빛의 눈부신 포효 속 마른 오후 창밖에는.

소멸은 누군가를 위하여 손짓으로
가만가만 부피를 소환하여 떨어지고
재난의 알림 문자엔 엠보싱만 무성했다.

역선택

간간이 새어 나온 붉은 바다 수척이면
누렁이 번득이며 달려드는 선택에선
뿔소라 헤살하게 웃던 물살음이 들려온다.

태양의 겉면 같고 속씨식물 홑눈 같은
처절했던 각오들이 보편 속에 지쳐 있다
나에게 필요로 했던 것 그대에게 먼저 주고.

자기애가 고집처럼 궤멸하여 멸종하면
비밀이 숭덩숭덩 잘려 나간 포집들
그것을 필두로 하여 너에게로 가려고 해.

구체적인

집 앞에 우쭐하니 기세 좋게 놓여진
편지에 봉분 싣고 회초리를 때려 맞은
살며시 멍울 터뜨린 봄이네 집 벚꽃은.

물과 바람 원산지에 기름지게 뿌려 놓고
이랑진 골골이에 서해 바람 넘나들며
가만히 쓰다듬으면 분명하게 일어선 섬.

핏발이 성성하게 팔뚝같이 빈 목까지
감감히 차올라도 아무렇지 않은 듯
선명한 에스선 엑스선 해시태그 마구 그려.

둥그런 미소 위에 살포시 화답하듯
마늘 향 알싸하게 봄볕 위에 퍼부어도
사건의 실체들마다 뽀작이며 까부순다.

생멸의 시간

깊은 한숨 새어 드는 신음의 현장에선
까만 울음 토해 내는 펄떡임이 입을 벌려
관용의 틈새 사이로 연꽃잎이 필 무렵.

해풍에 간질대던 소멸의 폭군들이
물갈퀴 헤집으며 생의 언어 낚아채고
바다 밑 수런거림들 자분자분 읽힐 때.

물결로 다가와서 큰 파문을 일으킨다
이루고 못 이루고 격정으로 말 걸어와
과녁의 시간밭에서 저녁 종이 머물고.

비토를 틀어막고 툭 부서져 버리겠다
들쑥날쑥 지워 가는 멸종된 자성 앞에
한 치의 양보도 없다 거래 뒤끝 농익은.

전략적인 지표 위에 한점 점 수요곡선
가감승제 열고 닫고 혼신의 힘 다해 가며
저동항 바닷물 그림자 지문으로 날 서 있다.

* 비토: 어떤 사안의 결정에 대해 거부할 수 있는 권리

노란색 리트머스

튤립이 만개하던 사월의 정원에선
쨍하고 내민 얼굴 금속빛 스며드는
희부연 움직임들을 손톱으로 툭 건들면.

노오란 빛 새어 나와 마음으로 길어 올려
가만히 입김 불어 둥그런 환한 미소
혼곤히 밤이 젖는다 땅 밑에서 요동친다.

시계추가 요염하게 꽃별들을 뱉어 가며
잔나비 능선 따라 산 밑이 간지럽고
눈 흘김 요란한 둔치 살풀이 한 같았었다.

더욱더 굳세라고 불멸의 선서 앞에
네 손가락 마디에 또렷이 박힌 금언들
결속의 다짐 말들이 네 마음에 닿기까지.

0의 우화

풀 먹인 이불홑창 깃털이 존재할까
그것들의 전공에는 괴기가 넘쳤어요
양손의 거대한 두 축 누굴 위한 정의인가.

시금털털 오렌지를 먹다가 생각한다
파괴된 문명들은 도시 속을 갉아먹고
지표면 더 깊숙한 곳 담론들만 가득 찼다.

그들의 체취에선 곰팡내가 풍기었다
간혹은 연민보다 더 활짝 핀 봄꽃들
여기가 어디쯤인가 뒤돌아서 묻고 있다.

하루가 수직으로 낙하한 지점에선
몽니를 부리면서 어깃장도 부리면서
흥건히 빠져 들어간 비밀들의 연금술사.

용설란

햇빛으로 혜택 가득 피어 문 남향 창가
끝없는 희망으로 절제로 기품으로
지구의 지표좌측을 세우면서 내려본다.

금가락지 푸른 몸에 걸쳐서 각오하나
우듬지 골골마다 솟구친 기개들이
저마다 자랑할 만큼 단호하게 서 있다.

하루를 저장하는 극지의 땅 위에서
들숨 날숨 오롯이 연민으로 끌어안고
세 치의 짧은 혀에선 기다림이 달려 있죠.

조막만 한 떨기들은 소행성 전리품이
주렁주렁 천 년을 기다려 온 인내의 끝
말갛게 웃음 터뜨린 해맞이 얼굴이다.

아포리즘

푸릇푸릇 무른 줄기마다 봄을 물고 있다
마주할 곳 없는데 극지의 땅 묻고 있다
내 기억에 저장되어 논쟁들의 저장소.

실오라기 하나도 걸쳐 입지 않는 내 몸
투명한 울림들이 급속도로 제련된
금속의 냉각탑 안의 알맹이들 포획했다.

봄에 우는 난

그리움을 가로질러 긴 겨울 지나고
삼베 끝동 물고서 이별을 준비하던
그런 날 별꽃 무리들이 무던히도 피었다.

진달래 향 퍼붓던 교태롭던 정원에선
봄빛들이 고만고만 난타전을 벌이고
새로 산 이불홑창에선 엄마 내음 스며 있다.

사할린을 건너서 제주에 이르기를
낭창낭창 무른 가지 젖몸살을 앓았다고
겨우내 팝콘 터진 듯 주렁주렁 매단 입술.

가만가만 봄바람이 구름을 휘감고서
파릇한 활성탄들 담벼락에 내리꽂고
불길로 내지른 욕망 봄빛 낙하 나는 운다.

움직임은 시의 언어

봄볕이 우글거린 앞마당 장미꽃
흐드러진 그 꽃잎 조그맣게 얼굴 내민
순간의 빗살무늬 하나 툭 던지며 숨는다.

붉은 물만 끓어 넘친 등짐을 지고 앉아
파리한 떨림만을 스스로 낙하시켜
분주한 날갯짓 사이 포성들이 들려온다.

삐치고 스며들고 여미고 포박하고
자성도 결정체로 무릎 꿇고 조아리면
깊숙이 혀 돌기 안에 박혀 있는 근원이란.

이리저리 쏠림 없이 무시로 숨어들고
끊어졌다 이어졌다 간헐적인 질문 뒤엔
수시로 들락거렸다 영혼들의 사과밭.

용화분

두통을 앓고 나서 혼미한 마음 곁에
바람은 한 점 없고 누군가 내릴 것을
예감한 상상 속에서 신열들은 끝이 났다.

흙 모종을 화분에다 차곡차곡 담아 놓고
등고선이 앙증맞은 관목 하나 데려왔다
그날은 고만고만한 엽기들로 가득 찼다.

불쑥 굴러 당기고 위용은 날카롭고
두 눈은 활활 타는 용맹한 기세 속에
여의주 뽑아 들고서 구름산을 휘감았다.

가벼운 농담처럼 농익은 햇살들이
왁자지껄 소란 피며 농주를 퍼붓는데
지고 온 그림자들이 폭죽들을 터뜨린다.

둥그런 보리심은 나와 함께 자라나고
수줍은 보리수는 우리들의 염원인데
자잘한 미완성들을 용화분에 심었다.

첫 설렘 그 열정으로

가만히 운전석에 박제되어 기대어서
흐릿한 시선으로 두 눈을 감아 보니
훅 끼친 입김만으로도 완벽하게 설렜다.

꿈을 꾸던 한강 변은 침묵으로 말이 없고
화려하게 수놓은 야경의 꽃잎들은
바다의 달그락거리는 수포들로 들썩였다.

초록이 무성하게 우산 되어 자랐어도
외출한 후 돌아와 거울 앞을 서성이던
눈물을 그렁 매달고 여보세요 저예요.

하얗고 단정하던 선 굵은 음성에는
투명한 반올림들 왕관되어 부서지며
세상에 하나밖에 없는 넌 어여쁜 꽃이었다.

너와 나의 이를테면

내 옆에 앙증맞게 앉아서 잠이 드는
하얀 털이 몽실몽실 구름송이 같았던
목덜미 차마 드러내어 노을 속을 거닐던 넌.

차창 밖에 하얀 성에 금방 와서 지우더니
하얀 입김 파리하게 떨구고 간 비 그치고
어깨 위 남산만큼 부푼 해바라기 웃음 짓는.

애기똥풀 이리저리 수초처럼 무성하던
연잎 위를 느리게 걸어가는 나를 보고
우리들 꿈속 동화에선 푸른 별이 뚝뚝뚝.

한 살림 이를테면 소꿉동무 시절들이
두 눈을 반짝이며 익살로 몌을 감는
그 숲의 어디에선가 인연이라 불리었다.

설령

그에게 다가와서 귓속말로 얘기하면
누군가에 들킬까 봐 살며시 미소 짓는
그 모습 귀하고 다정해 버선발로 뛰어나온.

우리 집 순정이가 꼬리털을 세우며
내게로 다가와서 멍멍멍 짖어 대도
금시에 내게 달려들어 호젓하게 꼬리 흔든.

그 재롱이 반갑지만 때로는 귀찮기도
설령은 그렇다 해도 집채만 한 용기 내어
주위를 빙그르 맴돌며 나비춤을 추더라.

애잔한 눈빛은 천 리 길을 헤집는데
집채만 한 표적들은 어둠 속을 더듬고
초록은 야생화 피는 산 아래를 휘감는다.

도둑처럼 찾아든 시의 감성

깊은 밤 잠 못 드는 원인이 무엇일까
도무지 알 길 없는 별빛만 쏟아지고
마음속 깊은 연민만 하염없이 달리는데.

사위는 어두워져 고개를 들지 못해
심연 속을 가만가만 속삭이며 붙잡는데
지구 밖 첫 대면 속에 풍덩풍덩 말을 걸고.

소스라친 입속에선 검은 향기 휘돌고
자지러진 아이의 울음소리 뚝 그칠 때
홀연히 떠오르는 생각 천둥 치고 번개 치고.

문득문득 떠오르는 뼈마디 속속들이
누렇게 떠다니는 겉보리를 건져 올려
알알이 푹 삭혀 익힌 곰국 같은 개체이다.

빈 울림으로 가득한 운동장에선

그 많던 아이들은 이제는 없다 한다
함성들이 사라진 그곳에는 오로지
공허한 빈 울림들만 썰렁하게 던져졌다.

무대에서 걸어 나온 역사의 현장에선
현실의 파열음들 운동장을 휘감는데
우리들 요깃거리였던 수다들이 떠돈다.

긴 철봉에 턱걸이 다 녹슬어 거뭇하고
사금파리 캐내듯 먼지 뽀얀 그림자
하나 둘 목청껏 외쳤던 청동음성 간곳없다.

빈 둥지에 그렁그렁 제비 같은 언약들은
뭉텅이로 잘려 나간 내 마음도 투명해져
열없게 흐르는 미소 그리움만 끝없어라.

상실로부터의 자유

구름책방 건너편 수십 년을 쌓아 온
배꽃 같은 얼굴로 수선집을 지켰던
가죽이 거무튀튀한 그 이름을 달고 산다.

가늘고 긴 손깍지 주제말 매달고서
일상의 건너편에 추억의 마름질 끝
불현듯 억눌렸던 감정 소란스레 일어나고.

지천으로 자라난 상처들을 보듬으면
자꾸만 덧나는 것 지독한 이별 앞에
상실로 너무 아픈 마음 고랫등 속 희미해져.

나비 한 쌍 사뿐히 날아와서 가슴 대면
처연한 듯 고독을 얼기설기 엮어서
어쩌면 수수께끼 같은 늪 속에서 탈출하기.

동생과 자전거

검은색 검정 고둥 짐발이 자전거를
사 오셨던 아버지 꽃말이 번져 오던
그 아침 말씀 가라사대 시나브로 달렸다.

온 세상이 내 품에서 안길 듯이 부풀었다
다리목을 뻗대면서 회전축을 돌려 대면
그날은 전축 같은 음성들 귓속말로 전해 온다.

지구의 자전축을 사정 없이 밟아 대며
해랑 구름들이랑 풍경 속을 저장하며
따르릉 쇠금속 음향 쩌렁쩌렁 울리며.

쇠톱에 해변가를 생의 이완 밟아 대며
노을 속을 자꾸만 삶의 변주 울러 대며
저보다 더 큰 키 높이 하늘처럼 윤이 났다.

* 이완: 주의나 긴장 따위가 풀려 늦추어짐.

개나리 웃어 진달래 핀 4월

봄은 흔적 없으련만 자지러지게 핀 봄꽃들
담장 앞은 노랗게 흐드러져 물들고
손톱 끝 자잘한 생명은 낮달처럼 환했다.

연약한 어린줄기 대지의 입술 적셔
호흡은 봄의 지령 우글대며 내려앉다
나는 또 그 혼수상태 속 비명들을 듣고 있다.

짓무른 생의 이면 바닥을 내려가도
남모른 사연들이 마음속을 점령하면
끝없는 이랑이랑들 계단 같은 삶의 고비.

부피는 한순간을 물러설 수 없다며
단호한 의지 속에 울창하던 봄의 살갗
결단코 저항할 수 없는 온유함을 신청하라.

인간들의 광합성

어두운 지하 계단 통로 옆에 모여 앉아
비파괴된 언어들을 속속들이 방출하며
엽록소 생장 속도가 진피층을 파고든다.

분절된 도시 속을 재생하여 염탐해도
뒤엉킨 실타래를 풀지 못해 앙앙대도
그들의 소환장에는 잉여들만 가득했다.

시련에 떠밀리어 융숭했던 보고서엔
터져 나온 반올림뿐 그 무게도 수선 못 해
왕성한 이념들 앞에 물거품만 요란하다.

이를테면 햇빛을 휘청휘청 꺼내 읽고
햇빛 발아 시작에 모태 본능 깨우는가
산소로 이관한 서울역 바라볼 수 있을까.

때로는 강하게

소나기가 섬광같이 수직으로 떨어진다
후두둑 북을 치는 들숨 날숨 호흡하고
대지의 낭창낭창한 입속으로 구애한다.

제 갈 길을 가겠다고 끊임없이 퍼붓는데
교태스러운 발길질에 포도알이 영글 때는
수줍은 휘발성 언어를 수도 없이 뿌려 댔다.

수다스러운 비밀들로 조밀조밀 수런거린
너랑 나랑 조우하여 부름켜 단면 같은
강렬한 이끌림으로 내 눈 속에 너를 본다.

날 서 있는 푸른 숲은 소스라쳐 잦아들고
제 본색을 드러낸 젖어 있는 낯선 타인
때로는 금속처럼 강한 운명들을 밝히겠다.

이 시간 이후는 없다

열심히 살아야 해 노력해야 되지요
아무리 강조해도 지나침이 없다고
도저히 감당할 수 없는 그 험한 길 가려 해도.

스스로 물어봐도 또다시 물어봐도
우란 뒤뜰 장미꽃이 선명하게 붉으면
한 번도 그 의리들을 저버리지 않았다.

한강의 기적들은 다시 한번 뛰라고
도약의 발판들로 디딤돌을 삼으라고
깍지 낀 두 손가락에 푸른 꿈이 펄펄 끓다.

거리는 빗장들을 풀어헤쳐 수유하고
이 시간 이후에는 결단코 끝의 나락
사활의 벼랑 끝에서 속이 후련하도록.

❷

그대 지금 꿈꾸는가, 빛처럼 칼끝처럼

상 실 로 부 터 의 　 자 유

이 비 그치고 나면

유리창에 울창하던 숲들이 떨어지고
하얀 성에 연신해서 흐물거린 물방울들
후두둑 마음을 떨구고 정맥 같은 하늘에선.

맑은 햇빛 말갛게 능청맞게 드러내고
연둣빛 낡은 앨범 새 창으로 갈아 끼워
갓이 된 이 비 그친 후 무지갯만 남았다.

잎의 두께 더욱더 깊어지고 오렌지빛
달빛은 울금 같은 나뭇가지 걸려 있고
푸르게 익은 밤하늘은 고향길을 더듬는다.

한강 변의 거래

기적 같은 한강의 푸른 물살 헤치고
은밀함이 숨어 있는 눈부신 한강 변에
기억이 까마득한 선 과거와의 협착이다.

착란 같은 봄볕이 도로 위에 머물면
찰랑찰랑 이파리들 난색 같은 표정으로
근육질 탄탄한 몸매 육감적인 한강이다.

사람들이 빚어내는 장사진이 요란하고
그 풍속은 꽃무지개 타고 앉아 여념 없고
잔잔한 수면 위에서 굴기들은 거래한다.

노랗던 수선거림 한강변이 일렁이면
잔망스러운 사람들의 홀로서기 분주한 곳
말하여 이곳이야말로 지상낙원 환생 터다.

꽃 피는 봄날 너는 없다

#1.모래
찬란한 시대에는 오지 않는 봄이기에
오지에 습한 환경 처절하게 밟히며
그대여 수 세기 관통한 모래성을 쌓았다.

#2.돌
역설로 앙다문 이 뼈마디 으스러져
긴 고통은 무시로 단단하게 드나들며
옹고집 문루에 서서 바람 들인 해나루.

#3.나뭇가지
땅거미는 적막에다 숨 가쁘게 뿌려 놓고
앙상하던 가지 끝에 겨울꽃이 매달리어
이별도 희나리처럼 절대적인 구속이다.

상실로부터 오는 봄의 간극

혹한기
칼바람이 마른 언덕 비명으로 내려앉아
떨그럭 밤의 사투 소리들을 삼켰어요
긴 침묵 주위 사방은 온 시야가 매끈했죠.

치아 같은 지표면은 봄볕의 도전장에
갈짓자들 웅크리던 삭풍을 해감하고
정밀한 지도 속으로 와글와글 걸어갔죠.

혹서기
바라볼 수 없도록 스며 있는 땅끝에선
짓무름이 가득한 상처의 피투성이
간절히 서로를 껴안고 한 몸으로 얽히면서.

우리 앞에 와 있는 구운몽을 토해 냈다
다음으로 향한 길 축제처럼 반겨 주렴
살포시 실핏줄 미소가 흐뭇하게 흐른다.

고독으로부터의 초대

순간은 돌아올 수 없다는 0의 순환
출발선의 선택지엔 좌회전과 우회전들
뽀그르 울려 오는 신호 찬 몇 가지 우두망찰.

천정 속에 박혀서 얼굴 없는 표정으로
근엄하게 묻고 있는 밥맛이 어떠느냐
입속에 서걱거리며 마른 미소 지으면.

한 뼘만 더 자라면 저토록 불쑥 솟은
치즈 향이 우러나는 자작나무 닮을 거라
별자리 밤을 새우던 그림자도 사라지고.

보이지만 볼 수 없는 아득한 곳 어디엔가
노을이 선명히 진 황혼녘 어스름에
홀로이 귀환하는 그 넌 누구니 물으면.

우주에서 온 편지

진료에 차질 빚어 의료 공백 사태에
멍하니 넋을 놓고 진료 차트 바라보니
하늘에 구멍이 뚫린 듯 엽기적인 주정들.

난무하며 늘어져 갈비뼈랑 늑골부터
복수까지 차올라 아수라장 응급실에
진풍경 홀연히 나타난 비만과의 의사이다.

수액을 잔뜩 묻혀 펴 바르고 수척하며
다당체의 미소에 단백질 뽀얀 피부
은빛의 반짝반짝한 전사 같은 모습의.

병든 사회 해부하라 공명한 울림으로
내부를 통제할 듯 지방 흡입 미래 앞에
우주 속 우산으로서 친절해야 할 시점에.

우주로 간 나

황혼 숙주 파먹으며 우주로 치닫으면
시나브로 아카이브 번쩍번쩍 불을 뿜고
대기구 무중력으로 강력하게 흡입한다.

여기저기 음험하게 도사리는 괴기들
울창하던 상상들의 곁가지를 자르고
비밀에 우주의 통로와 거슬러서 올라간다.

돌덩이 몇 덩어리 주웠다면 좋을까
햇우주 주머니에 넣었다면 행복할까
아니야 꿈속에서 본 그리움을 봤을 거야.

차곡차곡 차오르는 눈물을 간직한 곳
아련한 빛 속으로 광속으로 바람 물은
더욱더 궁금증 자아낸 날개 달린 환생 터다.

창고 속에 머물렀던 여명으로 더 깊숙이
잠겨 있던 열쇠를 풀어 버린 독기일까
흐뭇이 생각의 틀을 정돈하며 관조한다.

불현듯 생각나서

내가 먼저 변해야 산다고 되뇌었지
툭 꺼져 버릴 것만 같았던 양심 곁에
당신을 향한 솟구친 그리움은 무성하다.

달개비를 한아름 품의 너비 재단하고
사립문이 여닫힐 때 불어오는 바람은
휑하니 고봉밥 그리워 차마 말을 잇지 못해.

푹삭여 정 도타운 세월들을 삭일 때
향수의 아련함은 질척질척 앓아 눕고
지척에 돌아올 수 없는 강 하나를 사이에.

불현듯 그림자는 따라다녀 닮아 있고
알 수 없는 흔적은 고통 속에 짙어지는
옆자리 빈 촛불 하나 스산하다 사랑한다.

푸른빛의 혀

원통형과 삼각형 중 무엇이 더 좋을까
편협하게 대답하지 않고서도 열없게
둥글게 모나지 않고 모났지만 개방돼서.

한순간 놓아 버린 연약함을 딛고 서서
각의 눈을 맞추면 서로 함께할 수 있는
어울림 공통의 깊이가 우리들의 공유 지분.

밀폐된 사각 도형 분노의 공식으로
몰래 몰래 안경을 연신해서 닦아 내며
콩 볶듯 남산만 한 해 토닥토닥 다툴 때는.

가슴 한편 싸아 하는 아련함이 깃들고
함초 소금 바다에서 써레질로 구웠다며
허연 이 함부로 드러내 씩씩하게 웃어 댔다.

잿빛으로 물들다

큐빅을 손에 쥐고 이리저리 굴리다가
가지런히 오열을 정확하게 각 맞추어
기쁨에 찰나의 파열음 의문부호 연속이다.

하루를 고요 속에 주사위는 던져지고
역사의 나침반은 쉬임 없이 흐르는데
포괄한 그 아침에서 운명들을 딴지 걸다.

푸른 계곡 숲 사이로 비밀들은 뭉텅이로
자꾸만 출몰하던 메아리는 비에 젖고
그 여자 가슴 먹먹한 잿빛 노을 기울고.

공연한 심사에서 입김 훅 불어 보면
생각의 틀 안에서 똬리를 틀고 앉아
도시의 음험함으로 빨려 들듯 들어가고.

소란은 더욱 세게 분주함을 묻고 있어
처절했던 분열을 가만히 어루만져
서로를 얼싸안으며 올바름을 명백하게.

멜론 이야기

푸르름을 떡잎으로 단단하게 결을 내며
손목 줄기 두터워져 명료해진 여름에
선연한 여름의 빛은 햇빛들이 굵어졌다.

싯누런 황금률에 녹황색이 짙어지는
달달하고 선선한 마음들이 어우러져
첫 출하 의기양양하여 선농단에 재 올리던.

베일 벗은 타성들을 제각기 뽐내면서
먼지 한 톨 구르지 않은 듯 볼멘소리
탯줄이 붉으죽푸르죽 해설피에 걸려 있다.

소맷단 툭툭 뜯어 수양 속에 덫을 놓아
추적이 깊어지면 보리심을 맛볼 거라
알알이 투명한 양심 열 길 물속 헤아린다.

치즈를 먹다

설렘은 만남과도 하나로 통할까요
동의보감 한복판을 공유하며 끈기 있게
점성은 콩가루 날린 훌라후프 돌리면서.

뽀얗던 젖 냄새는 옛 기억의 소란으로
스스로 한 몸 되어 펼쳐지는 어름 같은
공기를 압축시키면서 품위 있는 절제로.

누구나 느껴지는 대동소이 하건만
꿈속 같은 아련한 희망을 길어 올려
떨림의 중독성강한 변증법과 다름없다.

일주일의 처음처럼 생명의 실낱같은
곤한 잠 밀려들어 비움의 휴식 같은
유혹은 깊고도 진하여 가깝고도 먼 사이.

* 어름: 두 사물의 끝이 맞닿은 자리.
* 대동소이: 거의 같고 조금 다름, 곧 다른 점보다 같은 점이 많음.

시를 먹다

우주로 직진하던 나는 또 잠 못 들고
벌레처럼 웅크리며 베개를 파묻으며
애써서 까만 눈망울 또르르르 굴린다.

시작은 반 이미 지난 앨범들을 꺼내 놓고
해바라기 막 웃기 시작하면 번지점프
파괴의 한 계절들을 양보하며 부른다.

릴레이를 이제 막 시작하던 일기장엔
구레나룻 미명과 호흡의 단면들이
단박에 밝혀지지 않고 혼란속의 한 무더기.

바람이 머리칼을 조용히 쓸고 가면
혼연히 적신 달빛 수그리며 꿈을 꾸고
결과의 끝 투정들을 호호 불며 시를 먹다.

* 단면: 어떤 사물 현상이 부분이 되는 면.
* 미명: 그럴듯하게 내세운 명목이나 명칭. 날이 채 밝지 않은 또는 그런 때.

판소리를 듣다

꿈길 너머 아득한 마당 깊은 집에선
매화 향이 가득하고 당초문살 뜯는 소리
옥순 씨 사무친 한이 문풍지에 젖는다.

헤어지지 말자며 풀 목걸이 걸어 주던
그대가 햇살 속에 걸어가면 보일까
휘영청 밝은 달밤에 꽃 봉숭아 물들인다.

첫 맹세를 잊지 못해 비밀스런 밤들은
끊어질 듯 이어지는 애간장을 타고 있고
어느덧 기러기 한 마리 공공연히 선회한다.

목청껏 휘두르는 가락을 뽑아 올려
차마 한, 울음으로 토해 내는 득음을
이루어 완성한다면 그리움이 멈춰질까.

담장을 타고 넘는 임을 위한 사모곡
호박씨를 마음 곁 울타리에 심으며
오색의 소매 끝동 물고 절창으로 넘어간다.

* 득음: 소리를 얻음이란 뜻으로 자신의 목소리나 악기 소리 특성을 완전히 파악하여 자유로이 노래하거나 연주할 수 있는 경지에 이름을 이르는 말.
* 절창: 뛰어나게 잘 부르는 것.

사각 도형 안의 투명창

거울 속에 게으르게 졸고 있는 고양이
빛나는 두 눈 속에 자기 모습 어리는데
불현듯 사랑하고픈지 방바닥을 도륙 낸다.

장난을 치는 듯이 앞발로 쿵쿵 훑다
불이 번쩍 들어온 오븐을 노려보다
그대로 주저앉아서 투과되어 찍힌 모습.

안과 밖이 훤히 다 드러나는 틈 안에
박혀 있는 모래알들 무슨 말들 복닥이나
무수한 오열을 다스려 투명해진 더 올곧은.

숯검댕 그려 입힌 전설 속의 한 귀퉁이
그 언저리 서성이며 웅크린 도시 속은
미루어 짐작하건대 열려 있는 통로이다.

대화에 닻을 내리다

A와의 협상에서 B에게 물음에는
결론부터 말하자면 먹먹함이 서려 있다
언제나 막다른 골목 누런빛이 휘감는다.

아득함의 그 끝은 어딘가에 영광으로
끝을 맺던 새빨갛던 열기는 식을 줄을
모르고 첫 설렘 속에 가만가만 침몰한다.

퍼렇고 시금털털 아오리를 손에 쥐고
벌레 먹은 입속을 헹굼하면 다가오는
그 품속 자장자장한 조랑말이 달려온다.

성취감이 물밀 듯이 최고조로 차올라서
고통의 끝 단련 끝에 끝끝내 이루고야
아찔한 천 길 낭떠러지 구르다가 또 굴러도.

대화에 말문들이 달콤하게 맺혀 있어
기어코 그 광속음 빈번하게 울릴 때면
햇살의 눈부심 속에 닻을 내려 정박한다.

* 닻: 배를 한곳에 떠 있게 하거나 멈추게 하기 위하여 줄을 매어 물밑바닥으로 가라앉히는 쇠로 만든 갈고리.

황매화

갑사로 돌아온 길 왕성함이 서려 있다
후두둑 볏잎 부푼 5월의 하늘가에
금가루 뿌려 놓은 듯한 균열들이 들끓는다.

긴장을 풀고 나서 골목길을 밝히는
그 믿음은 올해도 어김없이 부활하며
쨍하고 반듯함을 물어 너의 꿈은 왈츠처럼.

사랑으로 흐를수록

밤은 붉어 시간 속에 침묵으로 떨어진다
고개 떨군 달무리가 짙은 어둠 내리는데
사위는 점점 더 붉어 야속하던 참인데.

사슴은 오늘도 한 뼘만큼 더 길어져
창문 너머 바라보는 별빛 속에 들어 있다
체취는 짙게 배인 아픔 속절없이 달아나고.

점점 더 불어나는 혼란의 그림자 속
욕조의 밑바닥에 미련들이 고여 있어
마음이 시끌복잡할 때 생멸 속에 긴 하루.

분초침이 째깍째깍 운명으로 귀환하면
더 짙은 연민으로 흐를수록 보고 싶다
귀하게 엮어진 인연 가슴속을 에인다.

연둣빛 사랑의 보고서

우두커니 앉아서 콩 튀기듯 멍때린다
사방은 말이 없어 공허한 눈동자를
조용히 뒤따라오고 밤이 이슥할 때까지.

두 어깨를 가만히 얼굴 위에 파묻고
앙다문 이 빈틈없는 이마 위로 기울면
가슴에 훈장을 달 듯 두려움은 엷어졌다.

혼돈의 카오스를 추스르지 못할 때는
대잎파리 바람 속을 헤집을 때 울고 있죠
들볶는 머릿속은 하얘 알 수 없는 신명을.

당신 속에 깃들어 내 눈 속의 아련함을
언제든 불러내어 주머니 속 연민처럼
꺼내어 반들반들한 채석장 위 밤톨들과.

멍석 위의 가래처럼 빛나던 소모품들
툭 끼얹는 된서리 가고도 없으련만
그 위의 찬란함들은 우물 속의 달과 같다.

* 가래: 흙을 뜨고 옮기는 데 사용되는 농사 도구.
* 밤톨: 밤알의 하나하나.
* 된서리: 매섭고 사나운 재앙이나 타격을 비유적으로 이르는 말.

팔만대장경

힘없는 나라에선 물질도 부족하오
모래톱에 부서지는 해안선의 포말이
세세히 읽혔었다는 구국 위한 기도였다.

피투성이 붉은 눈을 한 원성 메아리 쳐
활처럼 당긴 시위 팽팽한 긴장 위에
머물면 기세 좋게 당겨 말발굽 아래 눕혔다.

찢어지고 뺏기고 밟히고 차이면서
단 한 알의 염주에다 맥박을 심어 놓고
이 한 몸 부서지라고 일편단심 일으켰다.

두 눈을 질끈 감고 용머리를 뱉어 내며
아스라이 펼쳐지는 내 조국과 내 백성들
엎드려, 열화와 같은 아우라의 발산이다.

삶의 막다른

삶의 막장 두드리고 부수고 깨고 했던
젊은 혈기 다스리며 사춘기를 지나온
아무도 거들지 않은 경계 안의 밖이죠.

기다림은 또 다른 삶의 연장 바퀴 아래
퉁치고 막 장난치며 천 년의 부대낌을
무광택 삶의 이정표엔 흔적도 없으련만.

고통을 다독이며 동그라미 되돌이표
한아름 끌어안고 각자도생 하더라도
정말로 어쩔 수 없는 깜깜하던 현실 앞에.

헛물을 켜지 않고 외길을 달려왔다
우리 삶의 길모퉁이 한풀 꺾여 사라지고
이제는 막다른 곳의 여행 중은 없는가.

* 길모퉁이: 길이 구부러져서 돌아간 자리.

한사코

괘종시계 자정을 울리면 울 엄마의
나지막한 음성이 마음속을 파고든다
올해는 어림도 없지 단호하고 결연하게.

분명한 의지 세워 벼르고 별렀지만
그때 난, 꽉 막힌 답답함을 참으며
한사코 어머니에게 올해는 넘기지 않을게.

기둥을 뽑는다고 으르렁대면서도
싫지 않은 관심인척 약속을 지킨다고
한 번만 더 만나 봐 봐 항상 오는 설레발.

고개를 저으면서 어머니께 불효했다
자책 아닌 책망 앞에 올해도 기웁니다
행복은 불행과 동무 지나가도 못 잊지요.

오이를 깨물다

농익은 햇볕 아래 폭염에 지칠 무렵
기다림에 익숙해진 여름의 문턱에서
포획한 오이 한 개를 툭 잘라서 와자작.

긴 장마는 머윗대에 숨기고 퉁퉁하게
살이 오른 몸집은 청량함을 무기로
누구도 흉내 낼 수 없는 사이다라 불리었다.

어디에나 어울리는 감초 같은 존재감은
반짝반짝 터트려 갈증을 털어 가는
너에게 물어본다면 화답해 줄 너이기에.

고독으로부터, 그립다

그 여자네 파란집은 행복이 무성하다
어느 날 수줍은 듯 고개를 수그리고
방긋이 핀 은초롱꽃 희망으로 번식하면.

발칙한 상상으로 가득한 울타리는
그 여자의 기행 속에 하루 해가 저문다
이제 막 돋아난 새싹 뿌리부터 물을 주며.

차곡차곡 떨어지는 초여름의 열기에는
식을 줄 몰랐었던 그때의 첫정 때문
잿빛의 시간 여행 속에 저장되어 볕이 들고.

벽난로 앞 웅크리어 우두망찰 장작처럼
성긴 눈 수초같이 엉성한 머리카락
여자는 마른 풀잎 같은 걸음으로 휘청인다.

달빛이 교교하게 흐뭇하게 흘리면
길 양쪽에 수북한 집채만 한 모래 더미
내 품은 너울성 파도 가고도 없으련만.

고요에서 한걸음 더

시인의 마을에서 조용히 비 내리면
웅덩이 한복판에 고여 있는 시름덩이
애써서 비워보지만 차마, 지워지지 않아.

깊은 한숨 속에서 새어 드는 연민을
털어 내고 비워도 밤새도록 내리는 비
일상이 모두 다 젖고 보고 있는 나도 젖고.

깊은 침묵 떨어지는 자정의 종소리가
땔깍땔깍 넘어가는 고요의 숨소리다
마음속 몽당연필은 필획들을 남발하고.

숲의 경계 밖의 나 하나의 알고리즘
아메바는 왜 똬리를 물고 있나 따위의
신경성 증강세포는 우주로 무한 번식 중.

예측하고 싶은 날 불현듯

바람결은 살랑살랑 물의 냄새 번져 오면
서늘한 청계천에 버들치가 놀러 와서
날쌔게 통행금지라고 결연하게 헤엄친다.

그 기세에 퉁명스레 물제비를 날려 본다
달은 밝고 물의 살갗 리듬으로 튀어 올라
수로로 흔들거리며 동무하자 곁을 주고.

그 사내 기침 몇 번 각혈하듯 토해 내면
한 무더기 성긴 별 무너질 듯 쏟아지고
달처럼 구부정한 능선 핏기 없이 어린다.

맑은 향기 고요한 음향 속을 울리며
낭랑하게 때로는 철렁철렁 떨어지며
그 애는 고색창연한 풍경으로 스며든다.

아이는 별 탈 없이 미래로 날아갈까?
셀 수 없는 무수한 밤 까만 어둠 물리치며
불현듯 떠오르는 이 예측하고 싶은 날에.

* 고색창연: 꽤 오래되어 고풍스러운 풍치나 정취가 그윽하다.

나이 다양성의 스펙트럼

인간에게 나이는 무엇을 의미할까?
상상 속에 돌아앉은 돌부처 나이에게
호불호 신랄하게 따져 물어봐도 쉽지 않다.

20대의 반항심과 30대의 성숙함과
40대의 노련함과 50대의 정점에서
60을 바라보는 이 황혼의 둔치에서.

서로서로 운명을 닮아 가는 하루의
정원에 생동감이 넘치면 파도 타고
수면 위 물의 흐름처럼 미끄러져 가고 있다.

생물학적 깊이는 본능적인 무게라고
등속을 헤아리면 등위에선 땀이 났다
고개를 젖히고 양심의 저울질한 동이 났다.

다도와 다향의 맛과 멋에 대하여

녹차 속에 녹아내린 정성을 덖어 내다
첫물에 우려내어 맑은 정기 가득하고
조용히 들끓어 오는 다도에 취해 본다.

찻잔에 떨어지는 찻물을 자장 삼아
옛 임이 오신다면 그와 함께 명문으로
달빛을 흠뻑 적시면서 호젓하게 삐침 소리.

붓으로 흘려 가며 흐뭇한 견적 내고
발우공양 하듯이 뿌리내린 그 맛에
정중동 칠선들 다녀간 그윽함에 대하여.

가만히 입가에서 번지는 조갯말들
초의선사 소맷자락 가르는 차밭에선
바람이 한 뭉텅이로 몰려와서 건들건들.

밑줄을 긋다

무한질주 천백오십 이산화탄소 배출량은
하루를 세분해서 대기 중에 떠밀리어
탄소를 공중부양 한 날 두 손처럼 떨렸다.

까맣게 칠해 놓은 푸른색 기름통들
겹겹이 쌓여 있는 물음표엔 기찬 부적
연소통 활활 불타게 발칙함을 묻고 있다.

스산하던 한 귀퉁이 새까맣게 점 칠하고
하루를 배출하는 공기밀도 밑줄 좌악
아무도 모르는 결과를 무심결에 예측한다.

한 발 더 딛고서서 지금 내내 내리는 비
이 시간 이후에는 없을 거야 단연코
혹독한 흰 공기 투명 저문 들녘 순해진다.

낯설음과 침묵 사이에

적벽가가 들리면 귓가에선 신비로운
사그락 밟는 소리 온기를 나누는데
뒷산의 한가운데선 들바람이 찰랑대죠.

누군가에 신고해요 별일은 없으시죠
침묵을 깨는 안부 능선을 타고 돌아
무디던 낯설음의 간극 무심결에 풀어지고.

깔딱고개 올라서서 10년은 넘어서야
물밀듯이 버티고 산 세월을 이긴다고
비장한 각오들로 날선 서쪽 하늘 품었다.

퍼붓는 햇볕 굵어지는 7월에 이를 때엔
낯설음 사이사이 침묵이 들이차서
선연한 가을색으로 까무룩 넘어간다.

땅의 두께 호흡

가팔라지는 음속의 시계는 안녕하고
잘 있는가 라고 하면 네 음향을 철벽철벽
귓전을 때리면서 늘 걸어가는 이가 있다.

한 발 더 깊숙하게 들어가면 땅속 깊이
파묻히는 토양의 윗부분에 와닿는
호흡을 가다듬고서 세밀하게 더듬는다.

완벽을 꿈꾸면서 그러나 불행히도
우리는 좀 더 주도면밀한 치밀함을
치열하게 바라면서 그럼에도 불구하고
궁색의 변명들로만 꾹꾹 눌러 담는다.

점점 깊이 더 깊이 박히는 땅의 두께
숨 막힐 듯 전개되는 들숨 날숨 복합체
가만히 들여다보면 우리들의 생명 같다.

우리의 확장기

문설주에 박혀 있는 땅벌들이 기어 나와
점집 앞에 늘어져 보랏빛을 물들이던
등나무 꿀벌들에게 촘촘하게 박는다.

밀도 있게 채워 둔 달콤함을 넘어서서
봉침을 꾹꾹 눌러 파리한 목숨처럼
그네들 외침 소리와 날갯짓이 떨리는데.

어떻게든 부지런히 더 움직여 보라고
된소리 부서지며 퍼득이던 꽃잎엔
여왕벌 열심히 살아요 딱정벌레 침 맞는다.

구름 그네 타고 올라 하늘 언저리 그 어딘가에
이쪽저쪽 사방으로 귀엣말 퍼뜨리며
부산한 공중 곡예전 펼치면서 고요하게.

3

그대가 옆에 있어서,
저녁은 기울고, 술은 익고

상 실 로 부 터 의 　 자 유

횡단보도 틈새 그 입술 사이로

입술이 닿는 순간 순식간에 달아난다
지표면을 뜨겁게 한, 너의 입김도 마찬가지야
나는 또, 점점 사라지고 너는 또 달아나겠지.

안으로 한 발자국씩 스며듦은 왜일까?
떠나갔던 이별 앞에 기꺼이 고개 숙이고
우리는 또 절망하며 잊지 말아 달라고 해.

자꾸만 꾸물거린다고 채근하시던
횡단보도는 어서 떠나라고 등 떠밀고
지구의 괴한들은 또 클락션을 울려 대며.

과피들을 밟아 대면 그 아래 멈춰 서 있던
우리들의 자화상 보인다고 아주 멀리
세차게 도리질할까 붙잡지도 못하여서.

우리 시대 시

그 매끈한 곳에서부터 탈출이 시작된다
바다의 입 생명의 순환 조갯살을 부수며
아가미 깊숙이 침투한 물의 부레 되고 있다.

시는 방대한 구름 조각들 부식하여 낡고 있다
오래된 박물관엔 왜 온기가 오를까?
생산과 소비의 두 주류 백기 들고 투항한.

시의 죽음 통찰하면 통과의례 만연한
거대한 협곡들이 깎아지른 듯 위협하는
긴장과 몰입감의 온도 펄펄 끓는 저 낙조 속.

이토록 처절하게 심장을 관통했을까?
수집하고 운반하며 함께해 온 맨홀뚜껑
당면한 우리 시대 시 터져 나온 비명 같은.

K-시조

사방이 꽉 막히고 고요로 뒤덮였을 때
저 혼자 달빛 쐬겠다고 가만가만 읊조리는
시어들, 활어들처럼 펄떡 뛰겠다 하거늘.

반복되는 일상에서 옆을 또 동행하고
군감자 쪄 나르는 듯 푹푹 치는 염토 속으로
물 첨벙 날으시어서 물질한다 하시거늘.

목 뒷덜미 후려치는 구르는 연장통에서
망치 끌 선택을 기다리며 무릎장단
탁치면 맑은 시냇가 돌돌 흐뭇한 물소리.

살아서 꿈틀대는 어디로 또 나가시나
꺽쇠는 퉁퉁 울며 행선지를 묻자 하나
아무도 알 길 없다며 발길 닿는 대로 정처 없이.

흰 꽃눈 옥잠화

전원 속에 묻혀서 백학석을 바라본다
너는 나를 보고 나는 너를 보고 그렇게
가늘고 긴 줄기에서 생의 귀환 환영한다.

벽처럼 닫아걸고 살면 안 되겠지
느린 걸음으로 마당을 점령한 달팽이가
흐느적 버거운 생을 마지막으로 연주한다.

순백의 꽃대에서 기다림을 피워 올린
짙은 향기 밀어 올려 헤어지는 연습을
세상에 담론들은 다 여기에서 모이네.

낙엽의 서재

가을소리 여미면 들려오는 앓는 소리
낙엽들이 차곡차곡 쌓여 가는 일이겠죠
가을은 제하고 싶은 제멋대로 하라고.

성이 난 듯 붉게 불태우며 흰 국화까지
검붉게 태웠었다 한 겹 한 겹 밟아 온
지나온 발자취 가득 동그랗게 말려들어.

일편단심 한다 해도 아무리 사방을 다
휘두르고 그 입김은 또다시 낙엽 지는
거리를 말없이 쓸고 서책 속에 앉아 있다.

글의 채굴과 포획성

톰 싱클레어의 시간 속에서의 흐름은
기억할 수 있는 시간의 한계가 존재감을
독특한 기억을 화두로 성장하는 그 한계는.

특별히 포획되어 살아서 펄펄 뛰는
글의 채굴과 그것을 매개로 한 영광은
다자간 포용성 글을 필두로 하여 밀알처럼.

내가 섭취하는 글의 다획성을 의미
저장된 글 끝장난 글 상처 난 글 회복은
순수로 돌아가는 것 둘 사이의 거래에는.

특별함의 초대에는 서로 간의 화순과
물성의 성질들과 언어의 대립각을
순순히 받아들이며 총천연색 발색으로.

달빛 미소와 그 견적 사이에

밀랍 인형과 같은 달빛이 환히 비추고
창문 곁에 와닿는 서늘한 냉기에는
어느덧 우리들 곁에 호객처럼 눌어붙어.

교교한 영상위로 한결같이 떠오른다
비밀이 숭덩숭덩 잘려 나간 20대의
젊음은 열정이 식은 줄 몰랐었던 한때의.

햇빛 플랫폼을 직렬로 방사되어 쏟아진다
거리에는 프랑스제 샤넬을 펴 바른 이
자랑이 우글거리는 문턱으로 진입한다.

그리움 같은 것은 달빛에 흐뭇하던
견적을 내고서도 달달하던 초콜릿 같은
조용히 불어오는 바람 능청맞게 달아난다.

설명에도 없는 나는

소낙비가 음악처럼 쏟아지는 그런 날엔
마법으로 부활한 소설책을 읽는다
아무런 설명도 없이 우물에 빠진 벌레처럼.

처음으로 되돌아간 되돌이표 더 훑다가
이내 궁색해진 얇아진 눈물샘 훔치다가
산야초 캐러 나간 이들 마중 나간 무지개.

어디쯤 마구마구 소리들로 붐비던
그 현장엔 물러설 수 없었던 절대적인
고독의 그림자로부터 엉거주춤 주질러앉다.

파괴된 언어들을 질겅질겅 되새기며
정말 꼭 그렇게 헤어져야 했어야 했나
따위의 시쳇말들이 고마워요 라고 한다.

모나리자

아라뱃길 흐르고 돌아 뱃머리를 돌린다
까만 눈의 바다새가 까무룩 울음 터뜨리고
눈썹 위 활처럼 누워 지워지지 않는지도.

서양의 고전 속에 뚜렷이 박혀 있는
샴페인 터뜨리면 그런 미소 흐를까
핑크빛 소문 따위는 아랑곳도 하지 않고.

긴 하루를 따르는 실낱같은 희망은
조용한 바람이 뒤따르며 멈춘 그곳
과거로 거슬러 올라가 알 듯 모를 듯 하다고.

모나리자같이 형언할 길 없는 미소
카네이션 한 송이 건네주면 또 웃을까
반가이 가부좌 틀고 이심전심 따듯하다.

벽난로 위의 금속 시간

분절된 시간 속에 삐뚜루한 오감이
하나의 초록 세포 연민으로 흩어진다
지천을 환히 밝히던 궁색의 끄나풀들.

지열이 끓어 넘치는 뒤뜰을 거닐면서
뽀송하게 건조시킨 햇수건을 바라보면
벽난로 위의 웅크린 고양이 잔털 같다.

뭉기적 뭉기적하면 벽난로는 졸고 있고
희번득한 눈길들이 사납게 부딪치는
점들의 물방울들이 송글송글 맺히면.

사랑의 이분법 따윈 관심도 없었어요
냉정히 돌아서는 무르익은 농익은
귀로의 금속성시간 짧은 사그라짐 일까요.

별똥별 지는 저녁

낭인들이 끌고 오는 저녁의 어스름에
무수한 주정들이 거리에 나뒹굴고
질펀한 반짝거림이 사방으로 부서진다.

하나 둘 이따금씩 셋 넷 하고 떨어진다
박자를 맞춘 듯이 제각기 어울려서
스미듯 어울림들이 한밤중을 탐색한다.

눈물을 머금고 긴 꼬리를 내리고
어둠 속을 더듬다 고향으로 떨어진 별
차오른 불면들을 싣고 그 열차는 떠나는데.

식을 줄 몰랐었던 불빛들의 위용은
음산한 도시 속에 처덕처덕 박히고
베일에 가려진 미열은 붉은 섬만 오라 하네.

어머니와 사과나무

애기야 이리 와 봐 여기여기 저 밑동 봐
가만가만 얼굴 내민 풀숲 사이 쌓여 있는
어머니 나직한 음성 사과나무 새순 듣고.

밭고랑이 더욱 선명해지는 아침 곁에
물잔디 하얗도록 날 서 있는 밭 둔치엔
푸르게 푸르도록 짙은 땀방울이 걸려 있다.

붉어서 자줏빛 토양 마음껏 내뱉고는
숨어서 갉아 먹어 흠집 낸 벌레들도
모두 다 한 집 살이를 한 병풍 같은 어머니다.

목에다 굵은 주름 두세 줄 그어 놓고
이마에선 검은 먹빛 휘감아서 부서진
그해엔 풍년이라고 듬뿍듬뿍 달렸다.

등고선

가까울수록 맑고 멀어질수록 더 투명해진
마음속의 선들을 따라서 연결하면
어느덧 서로서로의 얼굴들이 보인다.

해발 높이 지표면을 따라서 어슷하게
보이면 아무도 필요하다 생각할
무언의 곡선을 따라서 세상살이 담겨 있다.

필요의 더 필요하다 완충지대 지나오며
잠시의 생각의 틀 내려놓는 해발에선
한 치의 양보도 없다 마주할 곳 없는 절리.

전쟁 같은 시간 머리에서 뿔이 돋아난다

도깨비가 내리셨나 빗자루가 어지럽다
인문에 스며드는 정신 따윈 아랑곳 않고
철 지난 스크랩북들 차근차근 살펴본다.

구멍 숭숭 뚫리도록 헐거움은 버린다
씩씩한 웃음들은 조각조각 나뒹굴고
지독한 쟁의의 투쟁 머릿속에 뿔이 돋고.

줄다리기 끝이 없는 사활로 치닫는다
갈등의 끝 전쟁 같은 시간들이 수척이면
제풀에 꺾여서 그만 두 눈 질끈 감는다.

직지심경

구름 산 앞자락이 물회처럼 꿈틀댄다
기억의 서랍 속에 켜켜이 잠든 시간
뇌쇄의 공작소에는 애환들은 재단한다.

거슬러 거슬러서 올라간 파초의 꿈
단단히 결박지어 구원에 이르는
직지로 돌아 나오길 비몽사몽 애틋하여.

절체절명 순간에서 피워 올린 약속의 꽃
흔들림 없는 결과 그 막다른 선정의
팔공산 갓바위얼굴 새 지평을 열었다.

* 파초: 파초과에 속하는 여러해살이 풀.

그러면서 또다시

바람이 섞여 있어 건너오는 음성에는
건조함이 물려 있어 탁하고 걸쭉하다
그윽한 눈빛으로도 마음 산란하건만.

기어이 꽃들의 울음소리 부딪히고
마름모꼴 하고 나선 가슴들의 눈높이가
쨍하고 갈라지면서 담장들을 침입한다.

벙어리 냉가슴을 앓았을 그 시각에
귓가에 쟁쟁하던 빛보다 더 빠르게
트롤링 화면 속으로 다시 또 걸어간다.

착란 같은 그 광경에 가벼움은 또 속지만
하루의 감기쯤이야 여겨 버린 탓일까?
메아리 반복되는데 그러면서 또다시.

* 트롤링: 물고기를 낚는 방법의 하나.

뇌쇄의 미학

소리는 마음결 따라 단단하게 포박하고
마른 풀잎 대지 속에 웅크리어 뒹굴고
외마디 비명을 갈라 뼈마디에 들이친다.

융숭함의 뿌리는 어디까지 허락할까
머리 풀고 톺아보며 운명으로 기우는데
칼바람 몰아치는 들녘 구쟁기에 잦아들고.

그늘도 차차 넓혀 가면 산빛 포섭하고
씽씽 달려 오고 있는 저녁 졸음 달 떠서
얼굴은 달항아리처럼 둥글게 노을 진다.

달 밝은 밤 구름에 홀려서 주작을 울려
혼미한 틈을 타서 대밭 속에 뒤엉켜서
자정의 물푸레나무는 거꾸로 매달려 있다.

오롯이

총총히 사라지는 뒷그림자 보내고서
산허리를 돌고 도는 무늬의 스펙트럼
층층이 겹겹이 쌓아 둔 더 강력해진 존재들.

수 세기를 앓아 온 흔적들을 관통하며
팽팽하게 긴장으로 튕겨 나간 피스톨
조금 더 정교해진다 활시위에 날이 선다.

더욱 더 곧추서서 스윙하는 날카로움
과녁에 매섭도록 꽂히면 터져 나온
명중에 온 주위 사방 적립되어 멈춰진다.

시커먼 폭풍으로 밀려들어 날렵해진
영민해진 두 손에 시간의 바늘들로
오롯이 수직상승으로 기운차게 영롱해진.

감성의 차 한 잔

유리창에 홀로그램 무수히 뿌리더니
눈물의 흔적들을 애써서 지우더니
마음의 낡은 폐목선 한 척만이 덩그러이.

무지개는 윤기 나게 구릉으로 내몰더니
유리창에 또 말갛게 부서지는 창공은
푸르게 보다 더 멀리 우리 곁에 와 있는데.

들녘을 더듬는데 벼이삭들 수그리면
몽환적인 길섶에는 물오리가 홰를 치고
사방이 다 순해지고 조용해진 한가운데.

성삼재에서

아이를 돌보느라 허리가 구부정한
그 능선을 따라서 소개말을 쓴다고
가능성 엿볼 수가 없어 빈손으로 가겠다.

희박한 공기층은 오르라고 손짓하고
군데군데 이어진 줄기에선 땀이 돋는
언필칭 여기서부터 내 기억 속에 잠드는.

차마 못 볼 것을 본 것처럼 달아나 버린
구름 아래 머무르면 아찔한 현기증에
머릿속 탐색로 따라 이곳저곳 굽어본다.

질탕한 여인네의 분내 같은 햇덩이
고개 꺾고 넘어가는 호젓한 성삼재의
길고긴 혼연일체의 산비탈을 껴안는다.

구월을 쓴다

석류가 벌어져서 익어 갈 즈음 너는 쓴다
실책인 양 방관했던 촌로의 웃음에서
가을볕 조용히 타고 있는 남빛 하늘에.

꿀꽈배기 같은 편지 구월에 띄우면서
낱말에 앉아 있는 물기들을 지우는데
햇살을 촘촘히 박아 석류알이 붉어진다.

틈틈이 들어앉아 오이 몸집 길어지면
유선형 떨림들은 산바람을 이고 지고
목청껏 가을을 데려온 목이버섯 갓이 되어.

사색의 시간들을 필묵을 휘감으며
꾹꾹 눌러 탱탱한 활기를 기록하며
겉과 속 확고부동한 깊어짐을 내리쓸다.

시와 나와 예술

매일 아침 일어나서 호흡을 가다듬고
붉은 해가 샅샅이 핥는 화단에서는
연민을 뜨겁게 삶는 첫사랑과 마주한다.

그 사람과 함께할 수 없었던 순간들은
스스로 감당할 수 없었던 삶의 무게
자잘한 기억을 지우며 나는 침몰한다 기꺼이.

사랑은 어떤 언어 어떤 미소를 지을까
내 사랑 안에 잠든 호모적 본능들은
기꺼이 한 잔의 술로 시가 되고 내가 되리.

파괴와 허영

멸종위기 동물인 동생의 근황에서
수년 전에 앓아 왔던 희귀성 인격장애
한 번도 내가 해 볼게 들어 본 적 없는 말.

동생의 눈높이에 들어 있는 협치는
혼자만의 놀이인가 무엇이든 다 되는
구하라 그러면 얻는다 지독히도 간단하다.

그렇게 저물어 가는 종착점 끝에 서서
손 놓고 발을 굴러 아무렇지 않은 듯
파괴의 포식자들을 형형색색 데려와서.

그들의 생활에는 결이 풀린 스웨터다
풀리기 시작하면 매듭 지을 때까지
한사코 맥을 잡지 못해 아등바등 하는데요.

하릴없는 생트집에 어긋나 버린 하루의
길 밖에서 구르는 비파괴된 언어들을
세세히 그러모으면 허영은 딴지 걸다.

흰머리의 곡두 이야기

옛날에 시골에서 나무하러 올랐던 길
풀숲은 우거지고 새들은 지저귀고
발밑이 간지러운 듯 이리저리 날으면.

시끄러운 교태에도 아랑곳 하지 않고
한 발만 더 움직이면 천 길 낭떠러지인 걸
아찔한 혼비백산하여 이마에 땀 맺히는데.

곡두를 본 것이야 틀림없이 곡두야
나 몰라라 하던 일 멈추고서 비탈길
한달음 뛰다가 멈추면 발걸음은 천근만근.

흰머리 하얀 수염 턱선까지 내리고
사방을 휘두르며 청춘을 바쳤다고
힘주어 얘기하는데 그만 목이 타 울먹이며.

충돌의 스펙트럼

가려거든 가지 마요 주려거든 주지 마요
절대적인 기준이 없어도 이내 설움
갈등을 부둥켜안고 진심으로 잘되어라.

꽃향기 흩날리는 구월의 정원에선
갈대꽃 추스르는 이념의 현장에서
마음과 마음 속엣것 부딪치며 충돌한다.

언중유골 이라고 모질게 각인하듯
세상에 더부살이 혼자가 아니라고
치유에 이르는 길은 인생 같은 마라톤.

연속적인 범위에서 양 갈래 막다른 선택
최후의 통첩처럼 불문율을 통보하고
마침내 금의환향하여 질마재길 넘어간다.

헤이즐넛 같은 오후에

금가루를 뿌리면 이토록 환해질까?
벨벳 같은 미소가 유유히 흐르는데
잠길 듯 고여 있지 않은 난투 속을 걸어간다.

처음의 덫 한가롭게 사지를 내몰고도
온전한 신경들은 날개 달려 홰를 치고
동막골 나지막한 음성 쐐기풀에 박힌다.

니트 속을 헤집는 따순 볕이 내린다
복숭아가 연정을 불태우는 땅거미
깔리며 산머루 같은 붉은 농주 적신다.

오돌토돌 수면 위 말갛도록 일으키며
펄떡이며 뛰쳐 오르는 이심전심 물아일체
차 한잔 하고 싶다고 나지막이 말을 건다.

긴 장대 위로 하현달 바삐 걸리고

김 모락 나는 빨랫줄 위 삼삼오오 모여서
오늘은 무슨 얘기 들려줄까 호기심 반
나그네 정처 없이 떠난 시간 여행 속으로.

그림자가 따르면 문풍지 틈으로
드난고난 달빛이 내비치고 그 아이는
요염한 눈 흘김을 한 전설을 따라갔다.

광속으로 흐르는 빛의 펀치 터지고
누렇게 익은 달빛 언뜻언뜻 드러나서
바람도 누웠다거늘 길게 멈춘 하현달.

* 드난: 남의 집일을 도와주는 고용살이
* 고난: 괴로움과 어려움

별빛 부서지는 사슴 잠든 호수에는

결국엔 내가 했어 기필코 해냈어
은둔 속을 자리한 그 아침에 잠들면
별빛은 또 무어라고 소스라치게 놀란다.

비밀의 문턱으로 넘어가는 혼란의
잔재가 머무르면 그 끝에서 보일까?
사슴은 자지러져서 눈물 그렁 매단 채.

광장은 텅 비어서 낯설게 느껴질 때
비몽사몽 별빛은 호수 속에 잠기는데
신발 끈 고쳐 매고서 가련함을 묻더라.

우륵을 말하다

한세상을 가로질러 설움이 복받치는
고통이 끊어질 듯 이어지는 애절함이
마디에 사무치듯이 통증으로 수반하다.

으스러지고 자지러지는 긴 울음 토해 내고
붉은 댕기 속으로 각혈하듯 걸어가는
숨소리 잦아들고서 흐느낌은 끝이 없다.

가련하고 애련한 12줄 춤사위가
신명을 홀려 대다 피투성이 가락으로
달빛이 가능할까요 미열들로 되묻는다.

거문고를 읽다

장중함의 세계로 깊은 멋에 취하고
여섯 줄 술대에 뜬으면서 때리면
묵직한 깊음 세계로 득도한 듯하다고.

검은 구름 뒤덮는 검은 학이 내려앉아
속삭이는 언어는 마을을 지킨다는
장승의 꿈으로 실현되었을까 하건만.

우아함의 극치로 흐르고 돌아 머무는
그곳에서 방생하는 소리들을 꿈꾸는가
밤낮이 없도록 고단한 치심들을 헤아린다.

때때로 늘

건들건들 햇살이 창문 틈에 스며드는
도시의 숲속에서 말머리를 할 때에는
때때로 늘 관계 속에서 상호작용 한다고.

우리들의 편견은 가까운 곳에서부터
먼 곳에 이르기까지 한곳으로 고착됐다
양심은 그럼으로써 미루어서 짐작하길.

한때나마 치열했던 우리들의 연속됨은
고만고만 했었던 지지부진 했던 일들
반드시 꼭 이루어서 사생결단 하기를.

레몬 아이스크림

입속에 검은 입은 누굴 위한 향기일까?
뼛속에 깊숙하게 박히는 청량함이
유리왕 황조가라고 불리었을 그즈음에.

신 듯 말 듯 냉큼 흐르는 그 기류를 따라서
유리왕은 현세에서 그녀에게 청혼할까?
알현한 과거와 소통 냉큼 기류 따라서.

아릿하고 싱그러운 그녀의 꽃향기가
귓불에 어리는데 유리왕은 좋아할까?
달큰한 젖 냄새가 물씬 천년을 건너온다.

유리왕은 정말로 끝까지 책임질까?
이런 두서 없는 생각 머릿속은 하얘지고
고답적 물음에서도 현실적인 이끔으로.

만두를 먹다

태평에서 소를 넣고 윤기 나게 익힌다
맑은 진심 우려내어 정성들여 익은 마음
이토록 황홀경에 빠져 혀끝에서 전해진다.

빛보다 빠른 속도 쫘악 퍼져 새침해진
그 군맛들 잊지 못해 싸락싸락 씹히는
회오리 같은 포부로 들척지근 들어앉다.

앞치마를 두른 손 빨라지면 깊어질까
둥그렇고 길쭉한 백야 같은 낮달에
혀끝에 찰싹 와 감기는 그 맛 한번 일품이다.

포용과 혁신

기별은 아주 안 오고 이별은 더디 오는데
중요한 것 소중한 것 아주 가까이 두고
서로를 마주할 수 없는 간극과 간극 사이.

우리를 껴안고서 너그럽게 감싸안아
상처를 주지 않고 떠나갔던 반목이
이승의 꽃으로 남아 새로움으로 기억되리.

고치고 고쳐지면 낡은 것은 폐기하고
스스로도 고독하게 한 뼘 더 웃자라는
점점 더 옥죄어 드는 옥신각신 끝에서.

헛물을 켜는 나는 불혹을 넘기고도
도처에 도사리는 유기를 잊지 못해
하루를 정처 없이 돌아 포용과 함께 혁신으로.

마요네즈를 먹다

사치와 허영을 멀리하고 초유의
고소함과 담백으로 어우러진 그 맛에
비법에 스며들어 있는 지극한 공존의 법칙.

발칙한 상상력은 한데 섞여 기품으로
배아 같은 어디에고 감칠맛 더해져서
빼어난 어울림의 조화 뭉근하게 곁들인다.

날 낳을라 치면 겉보리 서 말도 편치 않아
늘그막에 얻은 자식 귀엽고도 앙증맞듯
함부로 투정하지 않고 목 넘김이 좋다고.

식탁에서 감초 같은 빼어나지 않으면서
동서양의 조화 같은 음식의 궁합으로
이 맛이 참 훌륭하다 나의 오랜 짝사랑.

다양성 형평성 포용성에 대하여

여러 가지 양상을 가지고 말한다면
존립기반의 근거가 되는가 이에 대해
다양한 균형에 기반한 스펙트럼 연구한다.

넓게는 지구 환경 위기 대응에 관하여
우리 생활 주변에 파고드는 양극화 현상
한층 더 가속화되는 산업사회 폐단에.

이사회를 따뜻하고 너그럽게 감싸안아
초인류를 향해 가는 신문명의 기원에
더욱더 초석이 되어 포용하고 나아가길.

희망의 정체

부디, 차별 없는 세상으로 나아가길
편견으로부터 멀리 떠나가길 아주
일련의 이 정체성을 학습하며 답보한다.

한여름의 더위에 시원 솔솔 내뿜는
그늘의 정체에는 모두 다 감탄하고
산업과 공존의 그늘 무덤 같은 하루에는.

공포는 더욱더 가속화하여 진땀의 현장
내리쓸고 닦으며 희망이 꽃이 될까?
아울러 생명의 약진 동행이라 불러 다오.

해. 달. 별

침묵의 세션이 조용하게 넘어간다
마찰로부터 피하지방까지 속속들이
파헤친 절정이 막 오른 혓바닥을 내밀고.

물끄러미 따라온 더 투명한 그림자를
한강교 밑 불빛들이 조용하게 따르며
은백색 달덩이 토해 물의 가지 흔들고.

점성이 강한 빛의 또래 뿌리며 퍼부으며
유리창 너머 이야기로 낙엽 지듯 떨어진다
한정판 호외요 호외 막이 오를 때까지.

비밀이 뭉텅이로 잘려 나간 두툼한
고백서엔 깨알 같은 중얼거림 남아 있고
자연에 해 달 별이 주는 웅혼함은 살아 있다.

망고를 먹으며

망고를 먹으면서 털이 한 움큼 자라나는
꿈을 꾼다 산새의 지저귐 소리 날으고
귀빠진 날의 환상통을 경험하고 있을까.

북 찢겨 나간 청바지를 꼬불쳐 입고 서서
거리로 헤엄쳐 나가면 와작와작 부딪치는
성마른 주걱턱 햇살 속속들이 고여 들고.

맨드라미 도시 속을 찰랑찰랑 거리는데
자물통 굳은 약속 비밀들을 엿보며
그렇게 맑은 하루가 쏜살같이 지나갔다.

일상을 채우듯 웃음꽃이 작렬하는
늙는다는 연습을 언제부턴가 하고 있다
그 여자 대체 불가능한 연꽃에서 나를 보며.

포기하지 마

삶에서 다양한 방향성에 대하여
거리에 뒹구는 낙엽들을 밟으며
지금 난, 과연 올곧은 방향으로 가는가.

주저앉고 싶을 때 누군가가 나에게
손을 잡아 주고 의지가 돼 주면서
따뜻한 우리가 되어 함께하자 위로하는.

포기하지 마 절대로 포기하면 안 되지
강인한 신념으로 두 손 불끈 쥐렴 꼭 쥐렴
불굴의 의지로 더욱 일어서게 해 줄게.

진실로 꽃이 되어 주리, 내가 되어 지켜 줄게
정말로 용기 있게 힘껏 땅을 내딛어 봐
내 안에 내가 용솟음친 그 마음을 믿으세요.

마무리 글

별빛이 무중력에 다다라서 떨어져 뇌쇄하면 이럴까?

괜히 울적한 심사에 별이 떨어지는 것을 묵묵히 바라보다 내 마음이 별처럼 우주 속을 유영한다. 그만, 꼬리별이 되어 낙하하는 모든 상상을 총동원하였다. 유의미한 공간에서 무의미한 생각의 확장까지 별의별 생각을 다한 끝에 끝내 내 작은 동공 속에 투영되어 소멸되는 한 떨기 스펙트럼의 벙커 속에 침잠한 소우주의 찬미라고나 할까?

글은 제 품대로 연주하다 떨어지는 가을 낙엽과 같은 것, 사색의 흔적은 가을을 닮아 있어 적당한 바람과 선선함이 주는 인간들의 산채 비빔밥이다. 혀끝에 찰싹 와 닿는 자연의 감촉, 오묘한 자연이 빚어내는 빛의 천지와 총천연색의 발색으로 오감을 작동시키는 시그널인 것이다.

자연이 주는 섬세함은 정교하고 세심해서 때론 인간의 이기적인 편협함을 비웃으며 굴욕감을 주기도 한다. 여기에 봄에 적당한 수분으로 온기를 머금고 여름에 강한 햇볕과 극한 기후의 이변 속에 상처와 헌혈로 열매 맺은 자연의 정교한 시간의 약속들인 것이다.

탁월하다고 생각되는 그 모든 자연의 질서와 섭리 앞에 미증유, 불청객이 찾아오면 스스로 덫을 놓아 자신을 방어하는 그런 계절에 취하며 언어의 모든 수단을 동원해서 자신을 방목한 시조의 정형성에 안착한다.

 초장이 빚어내는 기초체력과 중장이 다듬어지는 증강현실에 종장의 완결성이 더해 주는 아름다운 한 편의 선율이다.

 이런 점을 감안한다면 이 시조집의 진실의 힘은 어디가 귀착점일까? 생각한다. 시조의 근원으로 돌아가서 시조가 시조로서 품위를 제대로 지키고 있는가? 이에 대해서 이 시조집은 총 101수로 구성되어 있다. 1. 헤아려 볼수록 더 그립고 보고 싶은 29수, 2. 그대 지금 꿈꾸는가, 빛처럼 칼끝처럼 32수, 3. 그대가 옆에 있어서, 저녁은 기울고, 술은 익고 40수로 수록되어 있다.

 시조에 생명을 불어넣는 유장한 가락과 흐름과 선명한 시어의 선택은 분명, 시조의 활력과 적당한 탄력과 온기를 불어넣어 시조의 묘미를 살리고, 또한 감동을 주기에 충분하다.

 이에 대해 좀 더 면밀히 살펴보자.

1. 〈태양의 흑점〉에 대해서

 우선 이 시조는 난해하다. 끝까지 완독해야 하는 긴 호흡이 필요하다. 아직은 우리 곁에 늘 있으면서도 낯선 존재인 것처럼 인식해 온 태양의 흑점은 실제론 검지 않다는 사실에 착안해서 소우주적 관점으로 내가 화자가 되어 대화를 나누고 있다.

 마치 외계인을 만난 듯 호들갑스럽다가도 푸른별 하얀 질투 불멸 위에 내려앉아 지구 밖 첫 외출과의 대화, 어둠이 사라진다고 단언하고 있다.

인간에게 어둠과 빛은 어떤 운명을 예감한 듯하다. 어둠은 빛 밖에서 어떤 음험함을 숨기고 그것을 차마 드러내지 않으면서 친절하게 밝은 빛의 운명을 찬탄하고 있는 것이다.

차라리 빛은 인간에게 있어서 어떠한 긴장이 필요 없는 설렘과 그 어떤 파장도 필요 없는 미지의 신세계가 열리는 아침으로 닿아 있다. 깜깜하던 어둠을 지나 관통한 비밀이 열리는 그것은 파리한 입술에 닿았을 때 느끼는 첫 떨림과 생경과 신비처럼 우리에게 어떤 거대한 운명처럼 다가온 불덩어리라고 외치고 있다. 감당할 수 없는 내면의 폭풍은 족쇄를 이미지화해서 그것을 풀고 화해로 넘어가는 듯하다. 다시 엮이는 우리 인간 세상과 흡사 닮아 있다. 그러한 불길함은 애써 강박으로 엮여서 다시 한번 더 완전 소멸을 꿈꾸면서 지상과의 맞닿은 소통에 이르는 길일 것이다.

2. 〈생멸의 시간〉에 대해서

우리들에게 주는 생과 멸은 곧 삶과 죽음을 의미한다.

생멸이라는 다소 무겁고 때론 진부하게 느껴지기도 하지만 인간에게 있어서 삶과 죽음의 의미만큼 더 확실하고 존엄한 것은 없기 때문에 때로는 너무 비장해서 살갗에 오돌오돌 한기가 느껴지기도 하지만 전통적인 가락에서 오는 유장미가 가슴을 훑는다.

내 존재의 그림자가 희미해질 때 상실과 소멸로부터 무장해제된 것을 폭군으로 의미한 바 그 폭력으로부터 나를 지렛대 삼아 살아서 꿈틀대는 생의 언어를 노래하고 그것은 더 나아가 바다의 수런거림들을 자분자분 읽으면서 세상의 흐름으로 파문을 일으키며 커다란 생의 회한, 격정으로, 또는 풍랑으로 말을 걸어오기도 한다. 그래서 때론 너무나 정교한 시간의 밭에서 댕그랑댕그랑 저녁의 종이 울리면 우리는 그 과녁을 명중시키기 위한 일환으로 울부짖으며 부서져 버릴 것 같은 위태위태한 감정들을 다스린다. 스스로도 감당할 수 없는 멸종의 단어 앞에 자신의 성찰은 허물어져 한 치의 양보도 없이 세상에서 겪는 일련의 사건들이 연달아서 일어난다. 그것들은 인간들이 세상에서 살아 나가기 위한 방법 즉, 전략적인 한 점의 수요곡선처럼 풍요롭기도 하고, 또한 빈부격차의 늪에서 제대로 몸을 가누기조차 힘든 현실적인 벽과 틈 사이에서 고뇌하고 역경을 극복하자는 메시지인 것이다.

그래서 우리 곁에 와 있는 평범하고 안온한 일상에서 어느덧 그 꿈은 노쇠하고 내 그림자마저도 지문처럼 날이 서는 지극히 현실적인 고뇌와 생명에의 질긴 연민으로 나를 바라보며 적당한 관조와 마주하고 있다.

3. 〈상실로부터의 자유〉에 대해서

현대인들의 고독한 자아로부터 벗어나 상실로부터 치유에 이르는 과정을 통해서 이 세상에서 상처 입고 아파하는 사람들이 현 질서에 순응하며 상처를 딛고 일어나서 자신을 용서하며 자유를 갈망하기를 소원한다.

여기에서 오는 세상과의 부조화를 자신들의 얼룩과 찌꺼기를 토해 내며 진정으로 자유를 찾고 회귀하는 인간들의 내면의 처연한 고독과 그 그림자를 통해서 영혼의 치유를 노래한다.

어쩌면 그 근원적인 물음에는 영혼의 부재가 자연 질서 속에 소멸되어 가는 것을 자유로 형상화해 그려 내고 있는 것이다.

구름책방 건너편 수십 년을 쌓고 지켜 온 우리들의 단단한 성을, 배꽃 같은 환한 얼굴로 그 성을 굳건하게 지켰던바, 가죽이 거무튀튀한 이름을 달고 살고 그 성의 바깥에선 치유하지 못한 또 다른 자아가 자라나 세상과의 부조화에 상처 입은 마음들을 쓰다듬는다.

그런대도 자꾸만 엇나가고 부대끼는 영혼의 부재는 그 존립 기반을 상실한 이별과 조우한다.

새로운 생의 탐구는 따뜻함을 받아들이고 그러한 고독으로부터 철저히 자신을 방기한 채 얼룩덜룩 엮어서 오리무중 알 수 없는 영혼의 방황을 끝내고 수수께끼 같은 감정에서 벗어난다.

빠져들면 빠져들수록 헤어날 길 없는 그 등속에서 마침내 탈출하여 평온한 일상으로 돌아오기를 꿈꾸는 지독한 사랑으로부터 열병에서 내적 자아로의 회귀이다.

4. 〈횡단보도 틈새 그 입술 사이로〉에 대해서

이중의 사유의 공간이 머물고 있는 곳에서부터 인간의 사유에 대한 고찰이 시작되었다.

일종의 경계랄까? 일종의 안과 밖이 존재하는 두 시선 즉, 횡단보도

라는 그 안전지역과 그곳을 벗어나면 위험이 도사리는 그 두 지점에서 안전지대가 주는 평온함과 평화가 무참히 짓밟혀서 그 틈새 사이로 침입해 와 까발리고 부수는 일상의 경계 밖 파편들에 우리들의 순하고 연약한 세계가 때론 거대한 공포와 맞닥뜨리기도 한다.

 입술이 닿는 순간 순식간에 달아나고 나는 또 점점 사라지고 너는 또 잡히지 않고 달아나겠지요, 하며 술래잡기를 하면서 너에게 가까이 다가가려 하는데 그렇게 횡단보도는 쉽사리 손을 잡아 주지 않고 음험한 미소를 지으며 어서 떠나라고 등 떠미는 세상의 유혹과 닮아 있다.

 그것은 우리의 인연법에선 지구의 괴한들을 투입시켜 클락션을 울리며 기억의 환기를 돕고 있다. 인간들의 가죽과 외부의 단절을 보다 밀도 있게 표현하기 위한 장치로 상처로 얼룩덜룩한 우리들 현대인들의 자화상이 보인다고 아주 멀리 세차게 도리질할까 붙잡지도 못하여서 단호하고 강한 의지가 드러나면서 어느 것에도 속하지 못한 서운함과 섭섭함의 표출인 것이다.

 이렇게 해서 단편적인 4편의 시조를 해부해 보았다.

 그 저변에 깔려 있는 정서는 세상과의 부조화 속에 처절히 부서져 가면서 혼신의 힘을 다해 세상과 소통하려는 힘겨움이 곳곳에 스며들어 있다.

 이처럼, 세상과 낯선 내가 한곳을 바라보며 그 접점을 찾아서 희망의 날갯짓을 활짝 펼쳐 보이고 그곳엔 오로지 성찰로 빛나는 번득이는 물아일체가 이루고 현대인들의 유배가 있는 것이다. 따라서 현대를 살아가는 우리들은 거울처럼 맑고 투명한 그래서 명경지수와 같은 마음으로 이 우주 속에 투영되어 나를 살펴보고 관찰하며 한걸음 더 나아가 고독에서 살아남기인 것이다.

뜨거운 여름에 숲이 있고 더 뜨거운 인간들의 입김이 수분을 털어가는 뜨거운 한낮의 현장에 가슴에서 고동치는 작은 울림들이 가을로 이끌어 주는 천사빛 손길이었다.

지금은 멈춰 설 때라는 것을 알지만 인간의 오기는 멈출 줄 모르고 그때를 놓치고 잃고 만다.

한낮 작은 빗소리 두들김에도 마음은 마냥 젖고 싶은 그런 날 문득, 떠나고 싶다.

훌훌 털고 비에 흠뻑 젖고 싶다.

망각 속에서 또 하루가 저물어 가고 그 멍한 시선 속에 가을은 입추를 넘긴다.

별빛은 또 무어라 속삭이며 떨어지고 나는 그 속에서 꿈에 만날 도시 숲속을 거닌다.

이미란 씀